L'île des esclaves

Marivaux

Haut Cœur et Gayet jeune, Paris, 1830

FSC
www.fsc.org
MIXTE
Papier issu
de sources
responsables
Paper from
responsible sources
FSC® C105338

La scène est dans l'île des Esclaves.

Modèle:T1

Scène I.

Iphicrate s'avance tristement sur le théâtre avec Arlequin.

IPHICRATE, *après avoir soupiré.*

Arlequin !

ARLEQUIN, *avec une bouteille de vin qu'il a à sa ceinture.*

Mon patron !

IPHICRATE

Que deviendrons-nous dans cette île ?

ARLEQUIN

Nous deviendrons maigres, étiques, et puis morts de faim ; voilà mon sentiment et notre histoire.

IPHICRATE

Nous sommes seuls échappés du naufrage ; tous nos camarades ont péri, et j'envie maintenant leur sort.

ARLEQUIN

Hélas ! ils sont noyés dans la mer, et nous avons la même commodité.

IPHICRATE

Dis-moi : quand notre vaisseau s'est brisé contre le rocher, quelques-uns des nôtres ont eu le temps de se jeter dans la chaloupe ; il est vrai que les vagues l'ont enveloppée : je ne sais ce qu'elle est devenue ; mais peut-être auront-ils eu le bonheur d'aborder en quelque endroit de l'île, et je suis d'avis que nous les cherchions.

ARLEQUIN

Cherchons, il n'y a pas de mal à cela ; mais reposons-nous auparavant pour boire un petit coup d'eau-de-vie : j'ai sauvé ma pauvre bouteille, la voilà ; j'en boirai les deux tiers, comme de raison, et puis je vous donnerai le reste.

IPHICRATE

Eh ! ne perdons point de temps ; suis-moi : ne négligeons rien pour nous tirer d'ici. Si je ne me sauve, je suis perdu ; je ne reverrai jamais Athènes, car nous sommes dans l'île des Esclaves.

ARLEQUIN

Oh ! oh ! qu'est-ce que c'est que cette race-là ?

IPHICRATE Ce sont des esclaves de la Grèce révoltés contre leurs maîtres, et qui depuis cent ans sont venus s'établir dans une île, et je crois que c'est ici : tiens, voici sans doute quelques-unes de leurs cases ; et leur coutume, mon cher Arlequin, est de tuer tous les maîtres qu'ils rencontrent, ou de les jeter dans l'esclavage.

ARLEQUIN

Eh ! chaque pays a sa coutume ; ils tuent les maîtres, à la bonne heure ; je l'ai entendu dire aussi, mais on dit qu'ils ne font rien aux esclaves comme moi.

IPHICRATE

Cela est vrai.

ARLEQUIN

Eh ! encore vit-on.

IPHICRATE

Mais je suis en danger de perdre la liberté, et peut-être la vie : Arlequin, cela ne te suffit-il pas pour me plaindre ?

ARLEQUIN, *prenant sa bouteille pour boire.*

Ah ! je vous plains de tout mon cœur, cela est juste.

IPHICRATE

Suis-moi donc.

ARLEQUIN *siffle.*

Hu, hu, hu.

Oh ! cela se peut bien, chacun a ses affaires : que je ne vous dérange pas !

IPHICRATE

Esclave insolent !

ARLEQUIN, *riant.*

Ah ! ah ! vous parlez la langue d'Athènes ; mauvais jargon que je n'entends plus.

IPHICRATE

Méconnais-tu ton maître, et n'es-tu plus mon esclave ?

ARLEQUIN, *se reculant d'un air sérieux.*

Je l'ai été, je le confesse à ta honte ; mais va, je te le pardonne ; les hommes ne valent rien. Dans le pays d'Athènes j'étais ton esclave, tu me traitais comme un pauvre animal, et tu disais que cela était juste, parce que tu étais le plus fort. Eh bien ! Iphicrate, tu vas trouver ici plus fort que toi ; on va te faire esclave à ton tour ; on te dira aussi que cela est juste, et nous verrons ce que tu penseras de cette justice-là ; tu m'en diras ton sentiment, je t'attends là. Quand tu auras souffert, tu seras plus raisonnable ; tu sauras mieux ce qu'il est permis de faire souffrir aux autres. Tout en irait mieux dans le monde, si ceux qui te ressemblent recevaient la même leçon que toi. Adieu, mon ami ; je vais trouver mes camarades et tes maîtres. *Il s'éloigne.*

IPHICRATE, *au désespoir, courant après lui l'épée à la main.*

Juste ciel ! peut-on être plus malheureux et plus outragé que je le suis ? Misérable ! tu ne mérites pas de vivre.

ARLEQUIN

Doucement, tes forces sont bien diminuées, car je ne t'obéis plus, prends-y garde.

Scène II

Trivelin, avec cinq ou six insulaires, arrive conduisant une Dame et la suivante, et ils accourent à Iphicrate qu'ils voient l'épée à la main.

TRIVELIN, *faisant saisir et désarmer Iphicrate par ses gens.*

Arrêtez, que voulez-vous faire ?

IPHICRATE

Punir l'insolence de mon esclave.

TRIVELIN

Votre esclave ? vous vous trompez, et l'on vous apprendra à corriger vos termes. *(Il prend l'épée d'Iphicrate et la donne à Arlequin.)* Prenez cette épée, mon camarade, elle est à vous.

ARLEQUIN

Que le ciel vous tienne gaillard, brave camarade que vous êtes !

Trivelin

Comment vous appelez-vous ?

Arlequin

Est-ce mon nom que vous demandez ?

Trivelin

Oui vraiment.

Arlequin

Je n'en ai point, mon camarade.

Trivelin

Quoi donc, vous n'en avez pas ?

Arlequin

Non, mon camarade ; je n'ai que des sobriquets qu'il m'a donnés ; il m'appelle quelquefois Arlequin, quelquefois Hé.

Trivelin

Hé ! le terme est sans façon ; je reconnais ces Messieurs à de pareilles licences. Et lui, comment s'appelle-t-il ?

Arlequin

Oh, diantre ! il s'appelle par un nom, lui ; c'est le seigneur Iphicrate.

Trivelin

Eh bien ! changez de nom à présent ; soyez le seigneur Iphicrate à votre tour ; et vous, Iphicrate, appelez-vous Arlequin, ou bien Hé.

Arlequin, *sautant de joie, à son maître.*

Oh ! Oh ! que nous allons rire, seigneur Hé !

TRIVELIN, *à Arlequin.*

Souvenez-vous en prenant son nom, mon cher ami, qu'on vous le donne bien moins pour réjouir votre vanité, que pour le corriger de son orgueil.

ARLEQUIN

Oui, oui, corrigeons, corrigeons !

IPHICRATE, *regardant Arlequin.*

Maraud !

ARLEQUIN

Parlez donc, mon bon ami, voilà encore une licence qui lui prend ; cela est-il du jeu ?

TRIVELIN, *à Arlequin.*

Dans ce moment-ci, il peut vous dire tout ce qu'il voudra. *(À Iphicrate.)* Arlequin, votre aventure vous afflige, et vous êtes outré contre Iphicrate et contre nous. Ne vous gênez point, soulagez-vous par l'emportement le plus vif ; traitez-le de misérable, et nous aussi ; tout vous est permis à présent ; mais ce moment-ci passé, n'oubliez pas que vous êtes Arlequin, que voici Iphicrate, et que vous êtes auprès de lui ce qu'il était auprès de vous : ce sont là nos lois, et ma charge dans la république est de les faire observer en ce canton-ci.

ARLEQUIN

Ah ! la belle charge !

vous ne devenez pas meilleurs, nous vous retenons par charité pour les nouveaux malheureux que vous iriez faire encore ailleurs, et par bonté pour vous, nous vous marions avec une de nos citoyennes. Ce sont là nos lois à cet égard ; mettez à profit leur rigueur salutaire, remerciez le sort qui vous conduit ici, il vous remet en nos mains, durs, injustes et superbes ; vous voilà en mauvais état, nous entreprenons de vous guérir ; vous êtes moins nos esclaves que nos malades, et nous ne prenons que trois ans pour vous rendre sains, c'est-à-dire humains, raisonnables et généreux pour toute votre vie.

ARLEQUIN

Et le tout *gratis,* sans purgation ni saignée. Peut-on de la santé à meilleur compte ?

TRIVELIN

Au reste, ne cherchez point à vous sauver de ces lieux, vous le tenteriez sans succès, et vous feriez votre fortune plus mauvaise : commencez votre nouveau régime de vie par la patience.

ARLEQUIN Dès que c'est pour son bien, qu'y a-t-il à dire ?

TRIVELIN, *aux esclaves.*

Quant à vous, mes enfants, qui devenez libres et citoyens, Iphicrate habitera cette case avec le nouvel Arlequin, et cette belle fille demeurera dans l'autre ; vous aurez soin de changer d'habit ensemble, c'est l'ordre. *(À Arlequin.)* Passez maintenant dans une maison qui est à côté, où l'on vous donnera à manger si vous en avez besoin. Je vous apprends, au reste, que vous avez huit jours à vous réjouir du changement de votre état ; après quoi l'on vous donnera, comme à tout le monde, une occupation convenable. Allez, je vous attends ici. *(Aux insulaires.)* Qu'on les conduise. *(Aux femmes.)* Et vous autres, restez. *(Arlequin, en s'en allant, fait de grandes révérences à Cléantis.)*

Scène III

Trivelin, Cléantis, esclave, Euphrosine, sa maîtresse.

TRIVELIN

Ah ça ! ma compatriote, car je regarde désormais notre île comme votre patrie, dites-moi aussi votre nom.

CLÉANTIS, *saluant.*

Je m'appelle Cléantis, et elle, Euphrosine.

TRIVELIN

Cléantis ? passe pour cela.

CLÉANTIS

J'ai aussi des surnoms ; vous plaît-il de les savoir ?

TRIVELIN

Oui-da. Et quels sont-ils ?

CLÉANTIS

J'en ai une liste : Sotte, Ridicule, Bête, Butorde, Imbécile, *et caetera.*

EUPHROSINE, *en soupirant.*

Impertinente que vous êtes !

CLÉANTIS

Tenez, tenez, en voilà encore un que j'oubliais.

TRIVELIN

Effectivement, elle vous prend sur le fait. Dans votre pays, Euphrosine, on a bientôt dit des injures à ceux à qui l'on en peut dire impunément.

EUPHROSINE

Hélas ! que voulez-vous que je lui réponde, dans l'étrange aventure où je me trouve ?

CLÉANTIS

Oh ! dame, il n'est plus si aisé de me répondre. Autrefois il n'y avait rien de si commode ; on n'avait affaire qu'à de pauvres gens : fallait-il tant de cérémonies ? Faites cela, je le veux ; taisez-vous, sotte ! Voilà qui était fini. Mais à présent il faut parler raison ; c'est un langage étranger pour Madame ; elle l'apprendra avec le temps ; il faut se donner patience : je ferai de mon mieux pour l'avancer.

TRIVELIN, *à Cléantis.*

Modérez-vous, Euphrosine. *(À Euphrosine.)* Et vous, Cléantis, ne vous abandonnez point à votre douleur. Je ne puis changer nos lois, ni vous en affranchir : je vous ai montré combien elles étaient louables et salutaires pour vous.

Cléantis

Hum ! Elle me trompera bien si elle amende.

Trivelin

Mais comme vous êtes d'un sexe naturellement assez faible, et que par là vous avez dû céder plus facilement qu'un homme aux exemples de hauteur, de mépris et de dureté qu'on vous a donnés chez vous contre leurs pareils, tout ce que je puis faire pour vous, c'est de prier Euphrosine de peser avec bonté les torts que vous avez avec elle, afin de les peser avec justice.

Cléantis Oh ! tenez, tout cela est trop savant pour moi, je n'y comprends rien ; j'irai le grand chemin, je pèserai comme elle pesait ; ce qui viendra ; nous le prendrons.

Trivelin

Doucement, point de vengeance.

Cléantis

Mais, notre bon ami, au bout du compte, vous parlez de son sexe ; elle a le défaut d'être faible, je lui en offre autant ; je n'ai pas la vertu d'être forte. S'il faut que j'excuse toutes ses mauvaises manières à mon égard, il faudra donc qu'elle excuse aussi la rancune que j'en ai contre elle ; car je suis femme autant qu'elle, moi. Voyons, qui est-ce qui décidera ? Ne suis-je pas la maîtresse une fois ? Eh bien, qu'elle commence toujours par excuser ma

En quoi ? partout, à toute heure, en tous lieux ; je vous ai dit de m'interroger ; mais par où commencer ? je n'en sais rien, je m'y perds. Il y a tant de choses, j'en ai tant vu, tant remarqué de toutes les espèces, que cela me brouille. Madame se tait, Madame parle ; elle regarde, elle est triste, elle est gaie : silence, discours, regards, tristesse et joie, c'est tout un, il n'y a que la couleur de différente ; c'est vanité muette, contente ou fâchée ; c'est coquetterie babillarde, jalouse ou curieuse ; c'est Madame, toujours vaine ou coquette, l'un après l'autre, ou tous les deux à la fois : voilà ce que c'est, voilà par où je débute, rien que cela.

EUPHROSINE

Je n'y saurais tenir.

TRIVELIN

Attendez donc, ce n'est qu'un début.

CLÉANTIS

Madame se lève ; a-t-elle bien dormi, le sommeil l'a-t-il rendu belle, se sent-elle du vif, du sémillant dans les yeux ? vite sur les armes ; la journée sera glorieuse. Qu'on m'habille ! Madame verra du monde aujourd'hui ; elle ira aux spectacles, aux promenades, aux assemblées ; son visage peut se manifester, peut soutenir le grand jour, il fera plaisir à voir, il n'y a qu'à le promener hardiment, il est en état, il n'y a rien à craindre.

TRIVELIN, *à Euphrosine.*

Elle développe assez bien cela.

CLÉANTIS

Madame, au contraire, a-t-elle mal reposé ? Ah qu'on m'apporte un miroir ; comme me voilà faite ! que je suis mal bâtie ! Cependant on se mire, on éprouve son visage de toutes les façons, rien ne réussit ; des yeux battus, un teint fatigué ; voilà qui est fini, il faut envelopper ce visage-là, nous n'aurons que du négligé, Madame ne verra personne aujourd'hui, pas même le jour, si elle peut ; du moins fera-t-il sombre dans la chambre. Cependant il vient compagnie, on entre : que va-t-on penser du visage de Madame ? on croira qu'elle enlaidit : donnera-t-elle ce plaisir-là à ses bonnes amies ? Non, il y a remède à tout : vous allez voir. Comment vous portez-vous, Madame ? Très mal, Madame ; j'ai perdu le sommeil ; il y a huit jours que je n'ai fermé l'œil ; je n'ose pas me montrer, je fais peur. Et cela veut dire : Messieurs, figurez-vous que ce n'est point moi, au moins ; ne me regardez pas, remettez à me voir ; ne me jugez pas aujourd'hui ; attendez que j'aie dormi. J'entendais tout cela, moi, car nous autres esclaves, nous sommes doués contre nos maîtres d'une pénétration !… Oh ! ce sont de pauvres gens pour nous.

TRIVELIN, *à Euphrosine.*

Courage, Madame ; profitez de cette peinture-là, car elle me paraît fidèle.

EUPHROSINE

Je ne sais où j'en suis.

CLÉANTIS

Vous en êtes aux deux tiers ; et j'achèverai, pourvu que cela ne vous ennuie pas.

TRIVELIN

Achevez, achevez ; Madame soutiendra bien le reste.

CLÉANTIS Vous souvenez-vous d'un soir où vous étiez avec ce cavalier si bien fait ? j'étais dans la chambre ; vous vous entreteniez bas ; mais j'ai l'oreille fine : vous vouliez lui plaire sans faire semblant de rien ; vous parliez d'une femme qu'il voyait souvent. Cette femme-là est aimable, disiez-vous ; elle a les yeux petits, mais très doux ; et là-dessus vous ouvriez les vôtres, vous vous donniez des tons, des gestes de tête, de petites contorsions, des vivacités. Je riais. Vous réussîtes pourtant, le cavalier s'y prit ; il vous offrit son cœur. À moi ? lui dîtes-vous. Oui, Madame, à vous-même, à tout ce qu'il y a de plus aimable au monde. Continuez, folâtre, continuez, dites-vous, en ôtant vos gants sous prétexte de m'en demander d'autres. Mais vous avez la main belle ; il la vit ; il la prit, il la baisa ; cela anima sa déclaration ; et c'était là les gants que vous demandiez. Eh bien ! y suis-je ?

TRIVELIN, *à Euphrosine.*

En vérité, elle a raison.

CLÉANTIS

Écoutez, écoutez, voici le plus plaisant. Un jour qu'elle pouvait m'entendre, et qu'elle croyait que je ne m'en doutais pas, je parlais d'elle, et je dis : oh ! pour cela il faut l'avouer, Madame est une des plus belles femmes du monde. Que de bontés, pendant huit jours, ce petit mot-là ne me valut-il pas ! J'essayai en pareille occasion de dire que Madame était une femme très raisonnable : oh ! je n'eus rien, cela ne prit point ; et c'était bien fait, car je la flattais.

EUPHROSINE

Monsieur, je ne resterai point, ou l'on me fera rester par force ; je ne puis en souffrir davantage.

TRIVELIN

En voila donc assez pour à présent.

CLÉANTIS

J'allais parler des vapeurs de mignardise auxquelles Madame est sujette à la moindre odeur. Elle ne sait pas qu'un jour je mis à son insu des fleurs dans la ruelle de son lit pour voir ce qu'il en serait. J'attendais une vapeur, elle est encore à venir. Le lendemain, en compagnie, une rose parut ; crac ! la vapeur arrive.

TRIVELIN

Cela suffit, Euphrosine ; promenez-vous un moment à quelques pas de nous, parce que j'ai quelque chose à lui dire ; elle ira vous rejoindre ensuite.

CLÉANTIS, *s'en allant.*

Recommandez-lui d'être docile au moins. Adieu, notre bon ami ; je vous ai diverti, j'en suis bien aise. Une autre fois je vous dirai comme quoi Madame s'abstient souvent de mettre de beaux habits, pour en mettre un négligé qui lui

comme incorrigible, et cela reculera votre délivrance. Voyez, consultez-vous.

Euphrosine Ma délivrance ! Eh ! puis-je l'espérer ?

Trivelin

Oui, je vous la garantis aux conditions que je vous dis.

Euphrosine

Bientôt ?

Trivelin

Sans doute.

Euphrosine

Monsieur, faites donc comme si j'étais convenue de tout.

Trivelin

Quoi ! vous me conseillez de mentir !

Euphrosine

En vérité, voilà d'étranges conditions ! cela révolte !

Trivelin

Elles humilient un peu, mais cela est fort bon. Déterminez-vous ; une liberté très prochaine est le prix de la vérité. Allons, ne ressemblez-vous pas au portrait qu'on a fait ?

Euphrosine

Mais…

Trivelin

Quoi ?

EUPHROSINE

Il y a du vrai, par-ci, par-là.

TRIVELIN

Par-ci, par-là, n'est point votre compte ; avouez-vous tous les faits ? En a-t-elle trop dit ? n'a-t-elle dit que ce qu'il faut ? Hâtez-vous, j'ai autre chose à faire.

EUPHROSINE

Vous faut-il une réponse si exacte ?

TRIVELIN

Eh oui, Madame, et le tout pour votre bien.

EUPHROSINE

Eh bien…

TRIVELIN

Après ?

EUPHROSINE

Je suis jeune…

TRIVELIN

Je ne vous demande pas votre âge.

EUPHROSINE

On est d'un certain rang, on aime à plaire.

TRIVELIN

Et c'est ce qui fait que le portrait vous ressemble.

EUPHROSINE

Je crois qu'oui.

TRIVELIN

Eh ! voilà ce qu'il nous fallait. Vous trouvez aussi le portrait un peu risible, n'est-ce pas ?

EUPHROSINE

Il faut bien l'avouer.

TRIVELIN

À merveille ! Je suis content, ma chère dame. Allez rejoindre Cléantis ; je lui rends déjà son véritable nom ; pour vous donner encore des gages de ma parole. Ne vous impatientez point ; montrez un peu de docilité, et le moment espéré arrivera.

EUPHROSINE

Je m'en fie à vous.

Scène V

Arlequin, Iphicrate, qui ont changé d'habits, Trivelin.

ARLEQUIN

Tirlan, tirlan, tirlantaine ! tirlanton ! Gai, camarade ! le vin de la république est merveilleux. J'en ai bu bravement ma pinte, car je suis si altéré depuis que je suis maître, que tantôt j'aurai encore soif pour pinte. Que le ciel conserve la vigne, le vigneron, la vendange et les caves de notre admirable république !

TRIVELIN

Bon ! réjouissez-vous, mon camarade. Êtes-vous content d'Arlequin ?

ARLEQUIN

Oui, c'est un bon enfant ; j'en ferai quelque chose. Il soupire parfois, et je lui ai défendu cela, sous peine de désobéissance, et je lui ordonne de la joie. *(Il prend son maître par la main et danse.)* Tala rara la la…

TRIVELIN

Vous me réjouissez moi-même.

ARLEQUIN Oh ! quand je suis gai, je suis de bonne humeur.

TRIVELIN

Fort bien. Je suis charmé de vous voir satisfait d'Arlequin. Vous n'aviez pas beaucoup à vous plaindre de lui dans son pays apparemment ?

ARLEQUIN

Eh ! là-bas ? Je lui voulais souvent un mal de diable ; car il était quelquefois insupportable ; mais à cette heure que je suis heureux, tout est payé ; je lui ai donné quittance.

TRIVELIN

Je vous aime de ce caractère, et vous me touchez. C'est-à-dire que vous jouirez modestement de votre bonne fortune, et que vous ne lui ferez point de peine ?

ARLEQUIN

De la peine ! Ah ! le pauvre homme ! Peut-être que je serai un petit brin insolent, à cause que je suis le maître : voilà tout.

TRIVELIN

À cause que je suis le maître ; vous avez raison.

ARLEQUIN

Oui, car quand on est le maître, on y va tout rondement, sans façon, et si peu de façon mène quelquefois un honnête homme à des impertinences.

TRIVELIN Oh ! n'importe ; je vois bien que vous n'êtes point méchant.

ARLEQUIN

Hélas ! je ne suis que mutin.

TRIVELIN, *à Iphicrate.*

Ne vous épouvantez point de ce que je vais dire. *(À Arlequin.)* Instruisez-moi d'une chose. Comment se gouvernait-il là-bas, avait-il quelque défaut d'humeur, de caractère ?

ARLEQUIN, *riant.*

Ah ! mon camarade, vous avez de la malice ; vous demandez la comédie.

TRIVELIN

Ce caractère-là est donc bien plaisant ?

ARLEQUIN

Ma foi, c'est une farce.

TRIVELIN

N'importe, nous en rirons.

ARLEQUIN, *à Iphicrate.*

Arlequin, me promets-tu d'en rire aussi ?

IPHICRATE, *bas.*

Veux-tu achever de me désespérer ? que vas-tu lui dire ?

ARLEQUIN Laisse-moi faire ; quand je t'aurai offensé, je te demanderai pardon après.

TRIVELIN

Il ne s'agit que d'une bagatelle ; j'en ai demandé autant à la jeune fille que vous avez vue, sur le chapitre de sa maîtresse.

ARLEQUIN

Eh bien, tout ce qu'elle vous a dit, c'était des folies qui faisaient pitié, des misères, gageons ?

TRIVELIN

Cela est encore vrai.

ARLEQUIN

Eh bien, je vous en offre autant ; ce pauvre jeune garçon en fournira pas davantage ; extravagance et misère, voilà son paquet ; n'est-ce pas là de belles guenilles pour les étaler ? Étourdi par nature ! étourdi par singerie, parce que les femmes les aiment comme cela, un dissipe-tout ; vilain quand il faut être libéral, libéral quand il faut être vilain ; bon emprunteur, mauvais payeur ; honteux d'être sage, glorieux d'être fou ; un petit brin moqueur des bonnes gens ; un petit brin hâbleur ; avec tout plein de maîtresses qu'il ne connaît pas ; voilà mon homme. Est-ce la peine d'en tirer le portrait ? *(À Iphicrate.)* Non, je n'en ferai rien, mon ami, ne crains rien.

Trivelin Cette ébauche me suffit. *(À Iphicrate.)* Vous n'avez plus maintenant qu'à certifier pour véritable ce qu'il vient de dire.

Iphicrate

Moi ?

Trivelin

Vous-même ; la dame de tantôt en a fait autant ; elle vous dira ce qui l'y a déterminée. Croyez-moi, il y va du plus grand bien que vous puissiez souhaiter.

Iphicrate

Du plus grand bien ? Si cela est, il y a là quelque chose qui pourrait assez me convenir d'une certaine façon.

Arlequin

Prends tout ; c'est un habit fait sur ta taille.

Trivelin

Il me faut tout, ou rien.

Iphicrate

Voulez-vous que je m'avoue un ridicule ?

ARLEQUIN

Qu'importe, quand on l'a été ?

TRIVELIN

N'avez-vous que cela à me dire ?

IPHICRATE

Va donc pour la moitié, pour me tirer d'affaire.

TRIVELIN

Va du tout. **IPHICRATE**

Soit.

Arlequin rit de toute sa force.

TRIVELIN

Vous avez fort bien fait, vous n'y perdrez rien. Adieu, vous saurez bientôt de mes nouvelles.

Scène VI

Cléantis, Iphicrate, Arlequin, Euphrosine.

CLÉANTIS

Seigneur Iphicrate, peut-on vous demander de quoi vous riez ?

ARLEQUIN

Je ris de mon Arlequin qui a confessé qu'il était un ridicule.

Cléantis

Cela me surprend, car il a la mine d'un homme raisonnable. Si vous voulez voir une coquette de son propre aveu, regardez ma suivante.

Arlequin, *la regardant.*

Malepeste ! quand ce visage-là fait le fripon, c'est bien son métier. Mais parlons d'autres choses, ma belle damoiselle, qu'est-ce que nous ferons à cette heure que nous sommes gaillards ?

Cléantis

Eh ! mais la belle conversation.

Arlequin Je crains que cela ne vous fasse bâiller, j'en bâille déjà. Si je devenais amoureux de vous, cela amuserait davantage.

Cléantis

Eh bien, faites. Soupirez pour moi ; poursuivez mon cœur, prenez-le si vous pouvez, je ne vous en empêche pas ; c'est à vous à faire vos diligences ; me voilà, je vous attends ; mais traitons l'amour à la grande manière, puisque nous sommes devenus maîtres ; allons-y poliment, et comme le grand monde.

Arlequin

Oui-da ; nous n'en irons que meilleur train.

Cléantis

Je suis d'avis d'une chose, que nous disions qu'on nous apporte des sièges pour prendre l'air assis, et pour écouter les discours galants que vous m'allez tenir ; il faut bien jouir de notre état, en goûter le plaisir.

ARLEQUIN

Votre volonté vaut une ordonnance. *(À Iphicrate.)* Arlequin, vite des sièges pour moi, et des fauteuils pour Madame.

IPHICRATE

Peux-tu m'employer à cela ?

ARLEQUIN

La république le veut.

CLÉANTIS

Tenez, tenez, promenons-nous plutôt de cette manière-là, et tout en conversant vous ferez adroitement tomber l'entretien sur le penchant que mes yeux vous ont inspiré pour moi. Car encore une fois nous sommes d'honnêtes gens à cette heure, il faut songer à cela ; il n'est plus question de familiarité domestique. Allons, procédons noblement ; n'épargnez ni compliments ni révérences.

ARLEQUIN

Et vous, n'épargnez point les mines. Courage ! quand ce ne serait que pour nous moquer de nos patrons. Garderons-nous nos gens ?

CLÉANTIS

Ah ! ah ! par ma foi, vous êtes bien aimable et moi aussi. Savez-vous bien ce que je pense ?

CLÉANTIS

Quoi ?

ARLEQUIN

Premièrement, vous ne m'aimez pas, sinon par coquetterie, comme le grand monde.

CLÉANTIS

Pas encore, mais il ne s'en fallait plus que d'un mot, quand vous m'avez interrompue. Et vous, m'aimez-vous ?

ARLEQUIN

J'y allais aussi, quand il m'est venu une pensée. Comment trouvez-vous mon Arlequin ?

CLÉANTIS

Fort à mon gré. Mais que dites-vous de ma suivante ?

ARLEQUIN

Qu'elle est friponne !

CLÉANTIS

J'entrevois votre pensée.

ARLEQUIN

Voilà ce que c'est, tombez amoureuse d'Arlequin, et moi de votre suivante. Nous sommes assez forts pour soutenir cela.

CLÉANTIS

Cette imagination-là me rit assez. Ils ne sauraient mieux faire que de nous aimer, dans le fond.

ARLEQUIN

Ils n'ont jamais rien aimé de si raisonnable, et nous sommes d'excellents partis pour eux.

CLÉANTIS

Soit. Inspirez à Arlequin de s'attacher à moi ; faites-lui sentir l'avantage qu'il y trouvera dans la situation où il est ; qu'il m'épouse, il sortira tout d'un coup d'esclavage ; cela est bien aisé, au bout du compte. Je n'étais ces jours passés qu'une esclave ; mais enfin me voilà dame et maîtresse d'aussi bon jeu qu'une autre ; je la suis par hasard ; n'est-ce pas le hasard qui fait tout ? Qu'y a-t-il à dire à cela ? J'ai même un visage de condition ; tout le monde me l'a dit.

ARLEQUIN

Pardi ! je vous prendrais bien, moi, si je n'aimais pas votre suivante un petit brin plus que vous. Conseillez-lui aussi de l'amour pour ma petite personne, qui, comme vous voyez, n'est pas désagréable.

CLÉANTIS

Vous allez être content ; je vais appeler Cléantis, je n'ai qu'un mot à lui dire : éloignez-vous un instant et revenez. Vous parlerez ensuite à Arlequin pour moi ; car il faut qu'il commence ; mon sexe, la bienséance et ma dignité le veulent.

ARLEQUIN

Oh ! ils le veulent, si vous voulez ; car dans le grand monde on n'est pas si façonnier ; et sans faire semblant de rien, vous pourriez lui jeter quelque petit mot bien clair à l'aventure pour lui donner courage, à cause que vous êtes plus que lui ; c'est l'ordre.

Cléantis

C'est assez bien raisonner. Effectivement, dans le cas où je suis, il pourrait y avoir de la petitesse à m'assujettir à de certaines formalités qui ne me regardent plus ; je comprends cela à merveille ; mais parlez-lui toujours, je vais dire un mot à Cléantis ; tirez-vous à quartier pour un moment.

Arlequin Vantez mon mérite ; prêtez-m'en un peu, à charge de revanche…

Cléantis

Laissez-moi faire. *(Elle appelle Euphrosine.)* Cléantis !

Scène VII

Cléantis et Euphrosine, qui vient doucement.

Cléantis

Approchez, et accoutumez-vous à aller plus vite, car je ne saurais attendre.

Euphrosine

De quoi s'agit-il ?

Venez-çà, écoutez-moi. Un honnête homme vient de me témoigner qu'il vous aime ; c'est Iphicrate.

EUPHROSINE

Lequel ?

CLÉANTIS

Lequel ? Y en a-t-il deux ici ? c'est celui qui vient de me quitter.

EUPHROSINE

Eh que veut-il que je fasse de son amour ?

CLÉANTIS

Eh qu'avez-vous fait de l'amour de ceux qui vous aimaient ? vous voilà bien étourdie ! est-ce le mot d'amour qui vous effarouche ? Vous le connaissez tant cet amour ! vous n'avez jusqu'ici regardé les gens que pour leur en donner ; vos beaux yeux n'ont fait que cela ; dédaignent-ils la conquête du seigneur Iphicrate ? Il ne vous fera pas de révérences penchées ; vous ne lui trouverez point de contenance ridicule, d'airs évaporés : ce n'est point une tête légère, un petit badin, un petit perfide, un joli volage, un aimable indiscret ; ce n'est point tout cela ; ces grâces-là lui manquent à la vérité ; ce n'est qu'un homme franc, qu'un homme simple dans ses manières, qui n'a pas l'esprit de se donner des airs ; qui vous dira qu'il vous aime, seulement parce que cela sera vrai ; enfin ce n'est qu'un bon cœur, voilà tout ; et cela est fâcheux, cela ne pique point. Mais vous avez l'esprit raisonnable ; je vous destine à lui, il fera votre fortune ici, et vous aurez la bonté d'estimer son amour, et vous y serez sensible, entendez-vous ? Vous vous conformerez à mes intentions, je l'espère ; imaginez-vous même que je le veux.

EUPHROSINE

Où suis-je ! et quand cela finira-t-il ?

Elle rêve.

Scène VIII

Arlequin, Euphrosine.

Arlequin arrive en saluant Cléantis qui sort. Il va tirer Euphrosine par la manche.

EUPHROSINE

Que me voulez-vous ?

ARLEQUIN, *riant.*

Eh ! eh ! eh ! ne vous a-t-on pas parlé de moi ?

EUPHROSINE

Laissez-moi, je vous prie.

ARLEQUIN

Eh ! là, là, regardez-moi dans l'œil pour deviner ma pensée.

EUPHROSINE

Eh ! pensez ce qu'il vous plaira.

ARLEQUIN

M'entendez-vous un peu ?

EUPHROSINE

Non.

ARLEQUIN

C'est que je n'ai encore rien dit.

EUPHROSINE, *impatiente.*

Ahi !

ARLEQUIN

Ne mentez point ; on vous a communiqué les sent iments de mon âme ; rien n'est plus obligeant pour vous.

EUPHROSINE

Quel état !

ARLEQUIN

Vous me trouvez un peu nigaud, n'est-il pas vrai ? Mais cela se passera ; c'est que je vous aime, et que je ne sais comment vous le dire.

EUPHROSINE

Vous ?

ARLEQUIN

Eh pardi ! oui ; qu'est-ce qu'on peut faire de mieux ? Vous êtes si belle ! il faut bien vous donner son cœur, aussi bien vous le prendriez de vous-même.

EUPHROSINE

Voici le comble de mon infortune.

ARLEQUIN, *lui regardant les mains.*

Quelles mains ravissantes ! les jolis petits doigts ! que je serais heureux avec cela ! mon petit cœur en ferait bien son profit. Reine, je suis bien tendre, mais vous ne voyez rien. Si vous aviez la charité d'être tendre aussi, oh ! je deviendrais fou tout à fait.

EUPHROSINE

Tu ne l'es déjà que trop.

ARLEQUIN

Je ne le serai jamais tant que vous en êtes digne.

EUPHROSINE

Je ne suis digne que de pitié, mon enfant.

ARLEQUIN

Bon, bon ! à qui est-ce que vous contez cela ? vous êtes digne de toutes les dignités imaginables ; un empereur ne vous vaut pas, ni moi non plus ; mais me voilà, moi, et un empereur n'y est pas ; et un rien qu'on voit vaut mieux que quelque chose qu'on ne voit pas. Qu'en dites-vous ?

EUPHROSINE

Arlequin, il me semble que tu n'as point le cœur mauvais.

ARLEQUIN

Oh ! il ne s'en fait plus de cette pâte-là ; je suis un mouton.

EUPHROSINE

Respecte donc le malheur que j'éprouve.

ARLEQUIN

Hélas ! je me mettrais à genoux devant lui.

EUPHROSINE

Ne persécute point une infortunée, parce que tu peux la persécuter impunément. Vois l'extrémité où je suis réduite ; et si tu n'as point d'égard au rang que je tenais dans le monde, à ma naissance, à mon éducation, du moins que mes disgrâces, que mon esclavage, que ma douleur t'attendrissent. Tu peux ici m'outrager autant que tu le voudras ; je suis sans asile et sans défense ; je n'ai que mon désespoir pour tout secours, j'ai besoin de la compassion de tout le monde, de la tienne même, Arlequin ; voilà l'état où je suis ; ne le trouves-tu pas assez misérable ? Tu es devenu libre et heureux, cela doit-il te rendre méchant ? Je n'ai pas la force de t'en dire davantage : je ne t'ai jamais fait de mal ; n'ajoute rien à celui que je souffre.

ARLEQUIN, *abattu et les bras abaissés, et comme immobile.*

J'ai perdu la parole.

Scène IX

Iphicrate, Arlequin.

IPHICRATE

Cléantis m'a dit que tu voulais t'entretenir avec moi ; que me veux-tu ? as-tu encore quelques nouvelles insultes à me faire ?

ARLEQUIN

Autre personnage qui va me demander encore ma compassion. Je n'ai rien à te dire, mon ami, sinon que je voulais te faire commandement d'aimer la nouvelle Euphrosine ; voilà tout. À qui diantre en as-tu ?

IPHICRATE

Peux-tu me le demander, Arlequin ?

ARLEQUIN

Eh ! pardi, oui, je le peux, puisque je le fais.

IPHICRATE On m'avait promis que mon esclavage finirait bientôt, mais on me trompe, et c'en est fait, je succombe ; je me meurs, Arlequin, et tu perdras bientôt ce malheureux maître qui ne te croyait pas capable des indignités qu'il a souffertes de toi.

ARLEQUIN

Ah ! il ne nous manquait plus que cela, et nos amours auront bonne mine. Écoute, je te défends de mourir par malice ; par maladie, passe, je te le permets.

IPHICRATE

Les dieux te puniront, Arlequin.

ARLEQUIN

Eh ! de quoi veux-tu qu'ils me punissent ? d'avoir eu du mal toute ma vie ?

IPHICRATE

De ton audace et de tes mépris envers ton maître ; rien ne m'a été si sensible, je l'avoue. Tu es né, tu as été élevé avec moi dans la maison de mon père ; le tien y est encore ; il t'avait recommandé ton devoir en partant ; moi-même je t'avais choisi par un sentiment d'amitié pour m'accompagner dans mon voyage ; je croyais que tu m'aimais, et cela m'attachait à toi.

ARLEQUIN, *pleurant.*

Eh ! qui est-ce qui te dit que je ne t'aime plus ?

IPHICRATE

Tu m'aimes, et tu me fais mille injures ?

ARLEQUIN Parce que je me moque un petit brin de toi, cela empêche-t-il que je ne t'aime ? Tu disais bien que tu m'aimais, toi, quand tu me faisais battre ; est-ce que les étrivières sont plus honnêtes que les moqueries ?

IPHICRATE

Je conviens que j'ai pu quelquefois te maltraiter sans trop de sujet.

ARLEQUIN

C'est la vérité.

IPHICRATE

Mais par combien de bontés n'ai-je pas réparé cela !

ARLEQUIN

Cela n'est pas de ma connaissance.

IPHICRATE

D'ailleurs, ne fallait-il-pas te corriger de tes défauts ?

ARLEQUIN

J'ai plus pâti des tiens que des miens ; mes plus grands défauts, c'était ta mauvaise humeur, ton autorité, et le peu de cas que tu faisais de ton pauvre esclave.

IPHICRATE

Va, tu n'es qu'un ingrat ; au lieu de me secourir ici, de partager mon affliction, de montrer à tes camarades l'exemple d'un attachement qui les eût touchés, qui les eût engagés peut-être à renoncer à leur coutume ou à m'en affranchir, et qui m'eût pénétré moi-même de la plus vive reconnaissance !

ARLEQUIN

Tu as raison, mon ami ; tu me remontres bien mon devoir ici pour toi ; mais tu n'as jamais su le tien pour moi, quand nous étions dans Athènes. Tu veux que je partage ton affliction, et jamais tu n'as partagé la mienne. Eh bien va, je dois avoir le cœur meilleur que toi ; car il y a plus longtemps que je souffre, et que je sais ce que c'est que de la peine. Tu m'as battu par amitié : puisque tu le dis, je te le pardonne ; je t'ai raillé par bonne humeur, prends-le en bonne part, et fais-en ton profit. Je parlerai en ta faveur à mes camarades ; je les prierai de te renvoyer, et s'ils ne le veulent pas, je te garderai comme mon ami ; car je ne te ressemble pas, moi ; je n'aurais point le courage d'être heureux à tes dépens.

IPHICRATE, *s'approchant d'Arlequin.*

Mon cher Arlequin, fasse le ciel, après ce que je viens d'entendre, que j'aie la joie de te montrer un jour les sentiments que tu me donnes pour toi ! Va, mon cher enfant, oublie que tu fus mon esclave, et je me ressouviendrai toujours que je ne méritais pas d'être ton maître.

ARLEQUIN Ne dites donc point comme cela, mon cher patron : si j'avais été votre pareil, je n'aurais peut-être pas mieux valu que vous. C'est à moi à vous demander pardon du mauvais service que je vous ai toujours rendu. Quand vous n'étiez pas raisonnable, c'était ma faute.

IPHICRATE, *l'embrassant.*

Ta générosité me couvre de confusion.

ARLEQUIN

Mon pauvre patron, qu'il y a de plaisir à bien faire ! *(Après quoi, il déshabille son maître.)*

IPHICRATE

Que fais-tu, mon cher ami ?

ARLEQUIN

Rendez-moi mon habit, et reprenez le vôtre ; je ne suis pas digne de le porter.

IPHICRATE

Je ne saurais retenir mes larmes. Fais ce que tu voudras.

Scène X

Cléantis, Euphrosine, Iphicrate, Arlequin.

CLÉANTIS, *en entrant avec Euphrosine qui pleure.*

Laissez-moi, je n'ai que faire de vous entendre gémir. *(Et plus près d'Arlequin.)* Qu'est-ce que cela signifie, seigneur Iphicrate ? Pourquoi avez-vous repris votre habit ?

ARLEQUIN, *tendrement.*

C'est qu'il est trop petit pour mon cher ami, et que le sien est trop grand pour moi. *(Il embrasse les genoux de son maître.)*

CLÉANTIS

Expliquez-moi donc ce que je vois ; il semble que vous lui demandiez pardon ?

ARLEQUIN

C'est pour me châtier de mes insolences.

CLÉANTIS

Mais enfin, notre projet ?

ARLEQUIN

Mais enfin, je veux être un homme de bien ; n'est-ce pas là un beau projet ? Je me repens de mes sottises, lui des siennes ; repentez-vous des vôtres, Madame Euphrosine se repentira aussi ; et vive l'honneur après ! cela fera quatre beaux repentirs, qui nous feront pleurer tant que nous voudrons.

Euphrosine Ah ! ma chère Cléantis, quel exemple pour vous !

Iphicrate

Dites plutôt : quel exemple pour nous, Madame, vous m'en voyez pénétré.

Cléantis

Ah ! vraiment, nous y voilà, avec vos beaux exemples. Voilà de nos gens qui nous méprisent dans le monde, qui font les fiers, qui nous maltraitent, qui nous regardent comme des vers de terre, et puis, qui sont trop heureux dans l'occasion de nous trouver cent fois plus honnêtes gens qu'eux. Fi ! que cela est vilain, de n'avoir eu pour tout mérite que de l'or, de l'argent et des dignités ! C'était bien la peine de faire tant les glorieux ! Où en seriez-vous aujourd'hui, si nous n'avions pas d'autre mérite que cela pour vous ? Voyons, ne seriez-vous pas bien attrapés ? Il s'agit de vous pardonner, et pour avoir cette bonté-là, que faut-il être, s'il vous plaît ? Riche ? non ; noble ? non ; grand seigneur ? point du tout. Vous étiez tout cela ; en valiez-vous mieux ? Et que faut-il donc ? Ah ! nous y voici. Il faut avoir le cœur bon, de la vertu et de la raison ; voilà ce qu'il faut, voilà ce qui est estimable, ce qui distingue, ce qui fait qu'un homme est plus qu'un autre. Entendez-vous, Messieurs les honnêtes gens du monde ? Voilà avec quoi l'on donne les beaux exemples que vous demandez, et qui vous passent : et à qui les demandez-vous ? À de pauvres gens que vous avez toujours offensés, maltraités, accablés, tout riches que vous êtes, et qui ont aujourd'hui pitié de vous, tout pauvres qu'ils sont. Estimez-vous à cette heure, faites les superbes, vous aurez bonne grâce ! Allez, vous devriez rougir de honte.

ARLEQUIN

Allons, ma mie, soyons bonnes gens sans le reprocher, faisons du bien sans dire d'injures. Ils sont contrits d'avoir été méchants, cela fait qu'ils nous valent bien ; car quand on se repent, on est bon ; et quand on est bon, on est aussi avancé que nous. Approchez, Madame Euphrosine ; elle vous pardonne ; voici qu'elle pleure ; la rancune s'en va, et votre affaire est faite.

CLÉANTIS

Il est vrai que je pleure, ce n'est pas le bon cœur qui me manque.

EUPHROSINE, *tristement.*

Ma chère Cléantis, j'ai abusé de l'autorité que j'avais sur toi, je l'avoue.

CLÉANTIS

Hélas ! comment en aviez-vous le courage ? Mais voilà qui est fait, je veux bien oublier tout ; faites comme vous voudrez. Si vous m'avez fait souffrir, tant pis pour vous ; je ne veux pas avoir à me reprocher la même chose, je vous rends la liberté ; et s'il y avait un vaisseau, je partirais tout à l'heure avec vous : voilà tout le mal que je vous veux ; si vous m'en faites encore, ce ne sera pas ma faute.

ARLEQUIN, *pleurant.*

Ah ! la brave fille ! ah ! le charitable naturel !

IPHICRATE Êtes-vous contente, Madame ?

EUPHROSINE, *avec attendrissement.*

Viens que je t'embrasse, ma chère Cléantis.

ARLEQUIN, *à Cléantis.*

Mettez-vous à genoux pour être encore meilleure qu'elle.

EUPHROSINE

La reconnaissance me laisse à peine la force de te répondre. Ne parle plus de ton esclavage, et ne songe plus désormais qu'à partager avec moi tous les biens que les dieux m'ont donné, si nous retournons à Athènes.

Scène XI

Trivelin et les acteurs précédents.

TRIVELIN

Que vois-je ? vous pleurez, mes enfants, vous vous embrassez !

ARLEQUIN

Ah ! vous ne voyez rien, nous sommes admirables ; nous sommes des rois et des reines. En fin finale, la paix est conclue, la vertu a arrangé tout cela ; il ne nous faut plus qu'un bateau et un batelier pour nous en aller : et si vous nous les donnez, vous serez presque aussi honnêtes gens que nous.

TRIVELIN Et vous, Cléantis, êtes-vous du même sentiment ?

CLÉANTIS, *baisant la main de sa maîtresse.*

Je n'ai que faire de vous en dire davantage, vous voyez ce qu'il en est.

ARLEQUIN, *prenant aussi la main de son maître pour la baiser.*

Voilà aussi mon dernier mot, qui vaut bien des paroles.

TRIVELIN

Vous me charmez. Embrassez-moi aussi, mes chers enfants ; c'est là ce que j'attendais. Si cela n'était pas arrivé, nous aurions puni vos vengeances, comme nous avons puni leurs duretés. Et vous, Iphicrate, vous, Euphrosine, je vous vois attendris ; je n'ai rien à ajouter aux leçons que vous donne cette aventure. Vous avez été leurs maîtres, et vous en avez mal agi ; ils sont devenus les vôtres, et ils vous pardonnent ; faites vos réflexions là-dessus. La différence des conditions n'est qu'une épreuve que les dieux font sur nous : je ne vous en dis pas davantage. Vous partirez dans deux jours, et vous reverrez Athènes. Que la joie à présent, et que les plaisirs succèdent aux chagrins que vous avez sentis, et célèbrent le jour de votre vie le plus profitable.